Un jive de cinéma

Basé sur le programme télévisé de la BBC : *Strictly Come Dancing*

Cet ouvrage a initialement paru en Angleterre en 2012
chez Hodder Children's Books sous le titre *Jumping jive.*

Novélisation : Elizabeth Barféty.
Conception graphique et colorisation : Valérie Gibert et Philippe Sedletzki.

Hachette Livre, 43, quai de Grenelle, 75015 Paris.

Un jive de cinéma

hachette
JEUNESSE

Tom

★ **Couleur préférée :** le bleu

★ **Danse préférée :** le jive... parce que Tom adore plaquer ses cheveux en arrière avec du gel, pour avoir un look rétro !

★ **Tenue préférée :** la veste en cuir bleue que Tom porte pour danser le rock'n'roll !

★ **Accessoire préféré :** les chapeaux ! Tom adore les utiliser dans les chorégraphies.

★ **Partenaire de danse préféré :** Bella, bien sûr !

Tom a commencé la danse à l'âge de 5 ans.

Le savais-tu ?

Tom est le benjamin d'une famille de trois enfants. Son grand frère et sa grande sœur pratiquent aussi la danse, et ils ont remporté de nombreuses compétitions... Du coup, Tom doit se montrer à la hauteur !

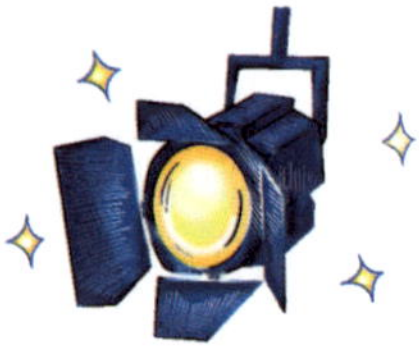

Chapitre 1

Un tournage top secret

— Restez bien en rythme, les filles !

Mlle Anna tape dans ses mains pendant que les élèves de l'Académie de *Danse avec les Stars* répètent leur chorégraphie.

— Un et deux, trois et quatre, compte la prof à voix haute.

Bella se concentre de toutes ses forces pour réussir les pas de samba qui composent la chorégraphie créée par Mlle Anna. Alors que la fin de la danse approche, elle lance la jambe aussi haut que possible. La prof de danse leur dit toujours de viser le ciel !

Enfin, Bella lève les bras en l'air, ce qui marque la fin de la chorégraphie, et un immense sourire envahit son visage. À l'Académie, elle en apprend chaque jour un peu plus... et elle adore ça !

Elle lance un sourire complice à Sofia et à Nathalie. Elle est si contente de les avoir rencontrées ! « Je suis vraiment dans la meilleure école du monde », se dit Bella. Même après quelques mois à l'Académie, elle a toujours du mal à croire qu'elle y mérite bien sa place.

Mlle Anna tape dans ses mains pour attirer l'attention des élèves.

— Pensez à bien vous étirer, leur conseille-t-elle. C'est très important pour ne pas vous blesser…

Bella frissonne. Ce serait si atroce de ne pas pouvoir

danser à cause d'une blessure ! Elle s'apprête à commencer ses étirements, quand Mlle Anna lui fait signe de venir la voir, ainsi qu'à Nathalie, Sofia et Veronica. Bella se précipite vers elle, le cœur battant. C'est ça, être à l'Académie : on ne sait jamais ce qui vous attend !

— J'ai une grande nouvelle à vous annoncer, déclare la prof, un sourire aux lèvres. Un producteur de cinéma est entré en contact avec l'Académie.

Bella sent un frisson d'excitation parcourir son dos.

— Il est à la recherche de jeunes danseuses pour une scène de son nouveau film, poursuit

Mlle Anna. Le problème, c'est qu'il ne peut pas faire passer une audition ordinaire, parce que son film est top secret.

— Top secret ? répète Sofia, intriguée.

— Oui... Car le rôle principal est tenu par Jules Taylor, explique Mlle Anna.

Les quatre filles laissent échapper une exclamation. Jules Taylor ! C'est l'un des acteurs les plus célèbres du monde ! Et c'est aussi l'acteur préféré de Bella…

— Le film se déroule dans les années 50, et la scène en question est un bal de promo, continue Mlle Anna. Vous allez toutes apprendre la chorégraphie, puis l'une de vous sera choisie pour danser avec Jules.

Bella secoue la tête, incrédule. Un poster représentant l'acteur est accroché au-dessus

de son lit... et voilà qu'on lui offre une chance de danser avec lui.

— Wahou ! s'exclame Nathalie, les yeux brillants. C'est ha-llu-ci-nant !

Sofia est si excitée qu'elle sautille sur place. Même Veronica est impressionnée.

— Ses films ne sont pas mal..., reconnaît-elle du bout des lèvres. Et comme j'ai une certaine expérience de la comédie, je suis sûre qu'il me sera facile d'interpréter un rôle au cinéma.

Nathalie lève les yeux au ciel, ce qui fait sourire Bella. Il faut toujours que Veronica se comporte comme une diva !

Mais peu importe la présence de la peste aux auditions... Bella ne voit pas comment la vie à l'Académie pourrait être plus excitante qu'aujourd'hui !

Chapitre 2

Les mystères du jive

Bella est plongée dans ses pensées. Jules Taylor... Ses yeux bleus... Ses cheveux noirs... Sa rêverie est interrompue par Mlle Anna.

— J'en ai discuté avec M. Doublet, votre proviseur. Si vous avez été sélectionnées toutes les quatre, c'est parce qu'en plus d'être talentueuses, vous travaillez très dur.

Bella est ravie : Nicolas Doublet pense qu'elle est assez douée pour passer l'audition !

— Bien, reprend Mlle Anna. Il n'y a pas une minute à perdre ! Vous vous rendrez sur les lieux du tournage dès cet après-midi. Vous y rencontrerez la chorégraphe du film, qui vous fera répéter. Et demain, vous passerez l'audition !

« Demain ? » Bella sent son cœur s'accélérer. Elles ont si peu de temps pour se préparer !

Comme si elle avait lu dans ses pensées, Mlle Anna leur sourit.

— Ne vous inquiétez pas, tout se passera bien.

— Quel genre de danse va-t-on apprendre ? demande Bella.

— Une danse particulièrement amusante ! lui répond la prof de danse. Le jive !

— C'est ma danse préférée ! lance une voix derrière eux.

Bella se retourne et aperçoit Marie, la femme de ménage de l'Académie, qui vient d'entrer dans la salle.

— Il faut être rapide pour le jive, les avertit-elle.

— C'est vrai, approuve Mlle Anna. Il s'agit d'une danse très rythmée, avec un important travail des pieds.

Marie hoche la tête, puis lève la jambe, comme pour leur faire une démonstration, en déclarant :

— Et quoi qu'il arrive, il ne faut jamais oublier de bien pointer vos pieds !

Tandis que Marie tourne les talons, Bella acquiesce, concentrée. Elle est impatiente de découvrir cette nouvelle danse !

Quelques heures plus tard, Mlle Anna et ses quatre élèves ont pris place dans le bus qui les conduit sur le lieu du tournage. Bella est décidée à profiter du trajet pour obtenir plus d'informations sur le jive. Même si elle a travaillé dur depuis son arrivée à l'Académie, elle est toujours complexée de n'avoir jamais pris de cours de danse auparavant Et, encore une fois, elle se sent inférieure aux autres : elle n'avait même jamais entendu parler du jive !

Bella vérifie qu'elle porte bien ses boucles d'oreilles porte-bonheur en forme de cœur. Elle en aura besoin aujourd'hui... Elle sort son téléphone portable pour lire une page

Internet consacrée au jive... Mais difficile de se concentrer : Sofia, Nathalie et Veronica sont si excitées qu'elles n'arrêtent pas de parler.

Au bout d'un moment, Veronica sort du maquillage de son sac.

— Vous devriez faire pareil, lance-t-elle aux trois autres filles. Personne n'a envie de passer pour une danseuse amateur devant une star internationale... Même quand c'est exactement ce qu'on est, ajoute-t-elle, en jetant un coup d'œil à Bella.

La peste se met du rouge à lèvres avec application quand, soudain, le bus prend un virage,

serré... et Veronica se retrouve avec une longue trace rouge sur la joue !

— À mon avis, il vaut mieux avoir l'air d'une danseuse amateur que d'un clown ! rigole Nathalie.

Bella sourit, elle aussi. Elle sait qu'elle a beaucoup de chance :

ses deux amies sont toujours là pour prendre sa défense !

Pour détendre l'atmosphère, Sofia se met à fredonner la chanson du dernier film de Jules Taylor. Et bientôt, toutes les quatre chantent à tue-tête dans le bus !

— Est-ce qu'on pourrait parler un peu du jive avant d'arriver ? demande Bella, une fois la chanson terminée. Je ne sais toujours pas de quoi il s'agit !

— C'est la plus rapide des danses latines, explique Sofia.

— J'espère que tu arriveras à suivre, ajoute Veronica. C'est une danse très exigeante.

— Bella s'en sortira très bien, réplique Nathalie. Il faut juste lever les genoux bien haut et donner des coups de pied énergiques.

Alors que Bella s'apprête à poser d'autres questions, le bus s'arrête devant un grand bâtiment.

— Mais... ce n'est pas un studio, s'étonne Veronica. C'est une école !

— Eh oui, répond Mlle Anna. C'est pour ça que le tournage est gardé secret. Si le bruit se répandait que le tournage a lieu ici, la presse et les fans feraient le siège de l'école.

« Et si je n'étais pas ici pour une audition, je ferais sûrement partie des fans espérant obtenir un autographe ! » songe Bella.

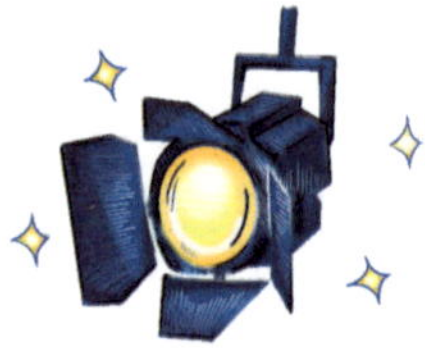

Chapitre 3

Désastre en répétition !

Alors que le bus se gare sur le parking de l'école, Bella sent son estomac se nouer. Elle est plongée dans une situation qui la dépasse... Comment pourrait-elle être assez douée pour danser avec Jules Taylor ? Et si elle le rencontre cet après-midi, que va-t-elle bien pouvoir lui dire ?

Heureusement pour elle, Bella n'a pas le temps de se poser trop de questions. Mlle Anna les guide à l'intérieur de l'école : là, un homme habillé tout en noir leur indique l'endroit où elles doivent se rendre.

— Continuez tout droit jusqu'à ce que vous arriviez au gymnase. Vous ne pouvez pas le louper ! explique-t-il.

Quand elles y parviennent, Bella comprend ce qu'il a voulu dire. Les portes sont grandes ouvertes et la salle est noire de monde. Des techniciens s'affairent, portant tout un tas

d'équipements : caméras, lumières, perches de son, costumes… Tout le monde a l'air très occupé. Une nouvelle fois, Bella se demande ce qu'elle fait ici.

Les élèves de l'Académie regardent autour d'elles, abasourdies. Le gymnase est entièrement décoré, jusqu'au plafond, recouvert d'un grand tissu en velours bleu nuit, piqué de petites étoiles en cristal.

— C'est le décor de la scène du bal, explique Mlle Anna.

— Magnifique, siffle Nathalie.

Bella s'imagine très bien danser à un bal de promo dans cette salle sublime. Et, alors qu'elle contemple la salle avec envie, elle aperçoit un garçon brun qui vient vers elles. C'est Jules ! Le cœur de Bella bondit dans sa poitrine alors que l'acteur les rejoint.

« Je n'y crois pas, c'est vraiment lui ! » se répète la jeune danseuse.

Le garçon se plante devant elles et leur tend la main.

— Bonjour, je suis Jules. Vous devez être les danseuses qui venez me sauver la mise !

Mlle Anna lui présente les quatre élèves. Bella est sûre d'être rouge comme une tomate, et évidemment, elle n'a aucune idée de ce qu'elle peut dire au jeune acteur. Elle finit par marmonner :

— Ravie de te rencontrer...

— Je suis une grande fan de ton travail, la coupe Veronica en rejetant ses longs cheveux blonds en arrière.

Jules la remercie.

— J'ai toujours peur que mon prochain film soit un échec complet ! ajoute-t-il.

— Impossible ! réplique aussitôt Sofia. Tout le monde aime tes films !

— Est-ce que tu as une préférée parmi les actrices avec lesquelles tu as joué ? Ou est-ce que tu attends toujours la partenaire idéale ? l'interroge Veronica en enroulant une de ses mèches dorées autour de son doigt.

Nathalie jette un regard complice à Bella et chuchote :

— Elle n'y va pas de main morte !

Bella doit se retenir de rire. C'est vrai que Veronica est prête à tout pour charmer Jules. Et la bonne nouvelle, c'est que l'acteur n'est pas seulement sublime, il est aussi très sympa ! Celle qui dansera avec lui aura vraiment beaucoup de chance.

Une femme aux cheveux d'un roux éclatant, qui porte des leggings de danse et un haut gris ample, se dirige vers elles.

— Salut, je suis Audrey. Vous êtes les danseuses de l'Académie de *Danse avec les Stars* ?

— Ce sont nos élèves les plus douées et les plus travailleuses, répond Mlle Anna. J'espère qu'elles seront à la hauteur de vos attentes.

— J'en suis sûre, lance Sacha, en posant au sol la chaîne hi-fi portable qu'elle portait.

« On va répéter devant tout le monde ! » comprend Bella.

Elle a soudain l'impression que ses jambes sont en coton. Comment pourrait-elle apprendre une danse aussi rapide que le jive dans cet état ?

— Le plus important, c'est de suivre le rythme, leur explique Audrey. Le jive se danse sur six temps, qu'on compte comme ceci : un, deux, puis trois et quatre, cinq et six. Le plus simple, c'est que je vous fasse une petite démonstration !

La chorégraphe se tourne vers Jules.

— Prêt ? lui demande-t-elle.

— Prêt ! répond l'acteur en souriant. Ne vous moquez pas trop, les filles, ajoute-t-il.

La musique démarre et ils se mettent à danser. La chorégraphie semble comporter des centaines de petits pas, Audrey et Jules n'arrêtent pas de tourner et de sautiller du début à la fin ! Leurs pieds semblent rebondir en touchant à peine le sol...

En les regardant, Bella comprend ce que tout le monde lui a dit sur l'énergie que demande le jive. Elle est essoufflée rien qu'à les voir ! Et Jules est un incroyable danseur...

— Qu'est-ce que vous en pensez ? demande-t-il, une fois la chorégraphie terminée.

— Fantastique, souffle Sofia.

Nathalie et Veronica sont tout aussi enthousiastes.

« Je suis la seule à ne pas savoir si je peux y arriver… » s'inquiète Bella.

Audrey leur montre les pas et leur apprend la chorégraphie, en la divisant en courtes séquences. Bella fait de son mieux, mais elle est si nerveuse qu'elle craint d'oublier les pas.

Après une heure de répétition, Audrey annonce :

— À présent, j'aimerais vous voir danser chacune à votre tour.

— Tout de suite ?! s'exclame Bella, stupéfaite.

— Ne t'inquiète pas, la rassure la chorégraphe. Je n'attends pas de vous que vous maîtrisiez parfaitement la chorégraphie… Pas tout de suite, en tout cas ! Dansez juste les premiers pas, pour que je puisse me faire une idée.

— Honnêtement, les encourage Jules, si je peux le faire, tout le monde en est capable !

Bella n'a jamais été aussi nerveuse. Elle n'arrive pas à oublier qu'elle va danser devant son acteur préféré.

Veronica est la première à se lancer, puis c'est au tour de

Nathalie et de Sofia. Toutes les trois réussissent parfaitement la chorégraphie. Bella est de plus en plus inquiète. Quand elle s'avance, elle a l'impression que ses pieds ont doublé de volume, et elle manque de trébucher !

La musique démarre, et Bella tente d'imiter les pas qu'ont réalisés ses amies avant elle... Mais elle a la sensation que ses jambes pèsent une tonne. Pire, elle ne parvient pas à se souvenir de l'enchaînement. Après quelques secondes, Bella s'arrête.

— Je suis désolée, dit-elle. Je ne me rappelle plus de rien…

— OK, tranche Audrey. Faisons une pause. Ne t'inquiète pas, ajoute-t-elle pour Bella, ça prend du temps de tout retenir.

La jeune fille acquiesce, les joues brûlantes. La chorégraphe essaie d'être gentille. Pourtant, Bella sait que son passage était un vrai désastre. Jules doit penser qu'elle est la pire danseuse du monde !

Chapitre 4

Pause et textos

— Les répétitions se sont bien passées..., déclare Veronica, en attrapant une bouteille d'eau. En tout cas pour la plupart d'entre nous !

— Ne t'occupe pas d'elle, soupire Nathalie en passant un bras autour de l'épaule de Bella. La pause va te faire du bien !

Son amie sourit faiblement. Pour elle, danser devant une superstar est vraiment terrifiant.

Justement, Jules s'approche des danseuses. Il regarde Bella droit dans les yeux et lui demande :

— Est-ce que tu aurais une minute ?

La jeune fille hoche la tête. « Il va me dire que je ne suis pas assez douée pour répéter avec les autres et que je ferais mieux de rentrer à l'Académie », se dit-elle.

Elle a les larmes aux yeux alors qu'elle suit Jules à l'autre bout du gymnase, où deux chaises les attendent.

— Je suis vraiment désolée, bredouille Bella en s'asseyant. J'ai complètement raté la répétition...

À sa grande surprise, Jules se met à rire.

— Tu aurais dû me voir sur le tournage de mon premier film... Un vrai désastre ! J'étais

si nerveux que je n'arrivais pas à me souvenir de la première ligne de mon texte. C'était vraiment embarrassant. Tout le monde me regardait, et j'étais là, à ouvrir et à fermer la bouche comme un poisson rouge !

L'imitation de Jules est si drôle que Bella éclate de rire.

— Et qu'est-ce qui s'est passé ensuite ? interroge-t-elle.

— J'ai fait une pause, pendant laquelle j'ai appelé ma mère. Elle m'a rappelé que j'adorais jouer la comédie, et m'a conseillé d'oublier les autres personnes présentes sur le plateau.

— C'est exactement ce que m'a dit mon père quand j'ai passé

les auditions pour l'Académie ! s'exclame Bella. De danser comme si personne ne me regardait !

Jules acquiesce.

— Dis-toi que si je suis capable de réussir cette chorégraphie, alors une danseuse talentueuse comme toi n'aura aucun mal à y arriver !

Une nouvelle fois, Bella rougit. Mais, cette fois-ci, c'est de fierté. Elle remercie Jules pour son aide, puis tous les deux retournent voir les autres. En chemin, la jeune fille se rend compte qu'elle n'est plus aussi intimidée par l'acteur. Elle va pouvoir danser, maintenant !

— C'est bon ? demande Audrey. Alors, on recommence la chorégraphie !

Juste avant que la musique ne démarre, Bella ferme les yeux.

Elle s'imagine qu'elle est seule dans la pièce, puis prend une profonde inspiration. Quand les premières notes s'élèvent, elle se souvient tout à coup de tous les pas. Elle réussit même à pointer ses pieds comme le lui a conseillé Marie !

Lorsque la chorégraphie s'achève, Bella est heureuse. « Peu importe qui sera choisie pour danser avec Jules. Au moins, j'ai fait mon mieux ! » pense-t-elle.

— Bravo ! les félicite Audrey. Prenez cinq minutes de pause.

Bella va chercher de l'eau avant de rejoindre ses amies. En arrivant, elle s'aperçoit que

Sofia est en train d'envoyer un texto. Elle s'approche pour lui tendre une bouteille.

— Tiens, Sofia. Tu dois avoir soif !

Son amie sursaute.

— Oh ! Tu m'as fait peur !

Elle se dépêche de ranger son portable dans sa poche avec

un air coupable. « À qui pouvait-elle bien envoyer un texto ? » se demande Bella. Pendant le trajet en bus, Nathalie et elle regrettaient de ne pas pouvoir parler de l'audition à leurs amies... Sofia aurait-elle raconté à quelqu'un ce qu'elles étaient en train de faire ? Bella espère vraiment que son amie n'a pas désobéi à Mlle Anna...

Avant qu'elle puisse lui demander des explications, la prof de danse les rejoint.

— Je viens de parler au réalisateur, annonce-t-elle. Vous allez faire une dernière répétition cet après-midi et demain, on tourne !

Tout à coup, Bella ne pense plus à ses doutes sur Sofia. Elle a des papillons dans le ventre. Demain, il faudra être à la hauteur !

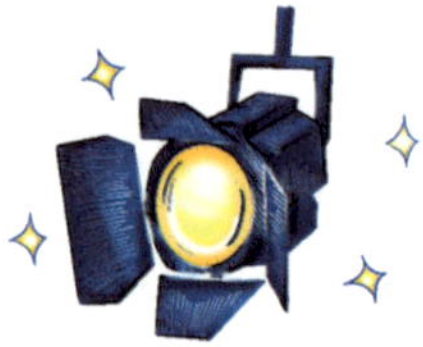

Chapitre 5

La robe idéale

De retour à l'Académie, Bella se glisse dans une salle vide pour répéter. Elle veut être parfaitement préparée pour le lendemain. Alors qu'elle entame la chorégraphie, quelqu'un tousse dans son dos. Surprise, Bella se retourne et aperçoit Tom, posté à l'entrée de la salle !

— Désolé de t'interrompre, lui dit-il. Je voulais savoir comment s'était déroulée ton audition. Ce n'est pas tous les jours que ma partenaire de danse va tester le jive avec une star de cinéma !

Bella s'empresse de lui raconter tout ce qui s'est passé sur le plateau : sa nervosité, l'horrible première répétition, ses progrès...

— Tu t'en es bien sortie, au final, la rassure Tom. Et Jules a l'air vraiment sympa. Je suis sûr que tu seras parfaite à l'audition !

Cerise sur le gâteau : Tom lui propose de répéter la chorégraphie avec elle. Bella est ravie. Elle montre les pas au garçon, ce qui lui permet de vérifier qu'elle

s'en souvient parfaitement. À mesure qu'ils virevoltent dans la salle, Bella se détend. Elle finit même par s'amuser !

— Merci de m'avoir aidée ! lui souffle-t-elle enfin. Je me sens beaucoup mieux.

— Pas de soucis, répond Tom. Je ne te demande qu'une chose

en échange : promets-moi de répéter avec moi quand je serai choisi pour danser avec Olivia Johnson !

Tom a toujours rêvé de rencontrer la jeune chanteuse... Bella acquiesce en riant.

Le lendemain, à six heures du matin, les quatre élèves sont déjà dans le bus en direction du plateau !

— Ce que je déteste dans les tournages, dit Veronica en bâillant, c'est qu'il faut toujours se lever super tôt...

Comme d'habitude, Nathalie lève les yeux au ciel. Mais les filles changent bientôt de sujet

de discussion : Mlle Anna leur apprend qu'elles sont attendues par une équipe de coiffeurs et de maquilleurs professionnels, mais aussi par la costumière du film !

Comme ses amies, Bella est ravie. De toute façon, elle a décidé de se concentrer sur la danse. Aujourd'hui, c'est sûr, elle va s'amuser !

À peine arrivées, les élèves sont emmenées dans les loges. Là, Mlle Anna les laisse entre les mains de l'équipe du film.

Bella regarde autour d'elle, impressionnée. Un nombre incalculable de tenues sont suspendues sur des portants partout dans la pièce. Et une étiquette précise dans quelle scène chaque vêtement sera porté.

Audrey est là pour les accueillir, accompagnée par une jeune femme qui porte une jupe violette

et un pull orné d'un grand cœur jaune.

— Je vous présente Anaïs, notre costumière, commence Audrey. C'est elle qui va s'occuper de vous.

— Ravie de vous rencontrer ! dit Anaïs, avec un grand sourire.

La jeune femme les conduit ensuite au fond de la pièce, où se trouve un portant rempli de robes. L'étiquette qui y est accrochée annonce : « Scène 20 : le bal de promo ».

Bella ne peut s'empêcher de s'interroger : quelle élève sera choisie pour danser avec Jules ?

— Toutes les robes sont dans le style des années 50, explique Anaïs. Et vous porterez des jupons en dessous.

Bella trouve toutes les robes magnifiques... et parfaitement adaptées à la chorégraphie qu'elles vont danser !

— Je pense que ce turquoise ira tout à fait avec tes cheveux blonds, déclare Anaïs à Veronica.

Puis elle choisit une robe verte pour Sofia et une orange pour Nathalie. Enfin, elle tend

à Bella une robe rose, dont la taille est soulignée par une large bande de paillettes argentées.

Dix minutes plus tard, les quatre élèves sont en costume !

— Parfait ! s'écrie Anaïs, en les examinant. Et maintenant, la touche finale !

Elle les guide jusqu'à une autre pièce de l'école, convertie momentanément en loge de maquillage. On pose une serviette sur les épaules des jeunes danseuses pour ne pas salir les robes, puis on les maquille et on les coiffe.

— On dirait vraiment une loge de cinéma ! remarque Bella.

— Je suis sûre que je pourrais m'habituer à ce traitement ! déclare Nathalie, en s'étirant dans son fauteuil.

Le sourire de Bella disparaît quand elle remarque que Sofia est encore en train de tapoter sur l'écran de son portable. Elle espère vraiment que son amie ne révèle aucun secret… Elle ne voudrait pas que Sofia ait des ennuis.

Mais, une nouvelle fois, pas le loisir de s'interroger bien longtemps : Bella et ses amies sont appelées au gymnase.

— On répète la chorégraphie depuis le début ! leur annonce Audrey.

Cette fois-ci, tout se passe bien pour Bella. Quand la musique s'arrête, des applaudissements résonnent. Les danseuses se retournent et se retrouvent

face à Jules, lui aussi en costume. Il s'incline pour les saluer, avant de lancer :

— Vous êtes superbes !

— Et elles ont toutes parfaitement dansé ! ajoute Audrey. Il ne me reste plus qu'à vous annoncer qui dansera avec Jules...

La gorge de Bella se serre. Elle ne peut s'empêcher d'espérer... S'est-elle suffisament améliorée ?

Mais avant qu'Audrey puisse leur révéler son choix, un grand bruit les fait sursauter. Tout le monde se précipite vers les fenêtres du gymnase, et découvre une foule amassée devant l'école ! Des centaines de jeunes filles surexcitées scandent le nom de Jules !

— On dirait que mes fans m'ont retrouvé…

Audrey fronce les sourcils.

— Le lieu du tournage était pourtant tenu secret !

Au même moment, une assistante se dirige vers eux pour leur annoncer que des fans ont réussi à s'introduire dans l'école.

— Jules, emmène les danseuses et trouvez un endroit tranquille pour vous cacher en attendant que le problème soit réglé ! ordonne Audrey.

L'acteur s'exécute, entraînant Bella et ses amies dans le couloir. Tout en courant,

Bella s'interroge : Sofia a-t-elle malencontreusement révélé le lieu du tournage ?

Juste à ce moment-là, la porte principale de l'école s'ouvre avec un bruit assourdissant, quelques mètres devant eux. Immédiatement, une foule de jeunes filles hurlantes se précipite vers eux !

Chapitre 6

La course-poursuite

Bella se retrouve plaquée contre le mur, tandis que Jules est assailli de toutes parts. Bella a perdu de vue Nathalie, Sofia et Veronica. Elle ne peut pas abandonner Jules… Elle prend son courage à deux mains, et se fraie un passage dans la foule. Enfin, elle réussit à attraper Jules par la manche, pour le guider vers un escalier, un peu plus loin.

L'acteur la remercie d'un signe de tête, et tous les deux grimpent les marches en courant. Les fans se disputent pour passer, ce qui leur laisse un peu d'avance. Bella et Jules parcourent le grand couloir de l'étage à toute allure, dépassant plusieurs salles vides. Puis ils parviennent devant une lourde porte en métal, qui s'ouvre sur un autre escalier.

— Essayons par là ! propose Bella.

Après un long parcours dans l'école, ils reviennent enfin au gymnase.

— On a réussi à rassembler les fans dans la pièce d'à côté, leur explique une assistante. On essaie de maintenir le calme pour pouvoir tourner...

— OK, répond l'acteur avant de se tourner vers Bella. Merci de m'avoir aidé, je n'aurais pas pu leur échapper sans toi !

Ils avancent au centre du gymnase, où Bella est soulagée de retrouver Sofia, Nathalie... et Veronica, verte de jalousie de la voir arriver avec Jules !

— Contente que tu sois revenue en un seul morceau ! lui lance Sofia.

— Moi aussi, approuve Audrey. D'autant plus que...

c'est toi qui danseras avec Jules !

Bella n'en revient pas. Son rêve devient réalité.

— Merci ! Merci beaucoup !

— Ne me remercie pas, répond Audrey. C'est parce que tu as travaillé dur que tu réussis.

Nathalie et Sofia se précipitent pour féliciter leur amie,

tandis que Veronica tourne les talons, vexée. Déjà, le réalisateur annonce que le tournage de la scène va commencer.

Vite, les quatre élèves se précipitent rejoindre leur place, et font connaissance avec les trois garçons qui seront les partenaires de Nathalie, Sofia et Veronica.

— On va essayer de faire un minimum de prises, s'il vous plaît ! crie le réalisateur, avant de secouer la tête en ajoutant : si jamais je découvre qui a révélé notre lieu de tournage…

Bella jette un coup d'œil à Sofia, espérant une nouvelle

fois que son amie n'est pas la responsable. Mais, bientôt, elle ne pense plus qu'à la danse. Elle sent la joie l'envahir.

La musique démarre, et le réalisateur s'écrie :

— Action !

Mais à peine ont-ils commencé à danser que les cris des fans résonnent dans le gymnase.

— Coupez ! hurle le réalisateur, furieux. Si ça continue, on va devoir supprimer cette scène…

Bella est désespérée... Le rôle qu'elle a tant rêvé d'obtenir est en train dc lui filer entre les doigts !

Chapitre 7

L'idée de Jules

Jules pose la main sur l'épaule de Bella.

— Ça va ? lui demande-t-il.

Bella sourit faiblement.

— Oui… Je suis juste déçue… Je me réjouissais vraiment de tourner cette scène !

— On ne va pas abandonner si facilement, réplique-t-il.

Il se tourne vers Nathalie, Sofia et Veronica.

— Venez avec moi ! J'ai une idée...

Bella s'interroge : comment Jules pourrait-il bien réussir à calmer la foule de fans qui hurle dans la salle d'à côté ?

D'un pas décidé, l'acteur pénètre dans la salle où est rassemblée la foule. Aussitôt, une nouvelle vague de hurlements s'élève.

— J'espère qu'il sait ce qu'il fait, chuchote Nathalie.

D'une voix forte, l'acteur annonce qu'il va signer des autographes et demande aux fans de garder leur calme. Aussitôt, les jeunes filles sortent des carnets, qu'elles tendent à la star. Jules signe patiemment des autographes, essayant d'échanger quelques mots avec chacune.

Une nouvelle fois, Bella se dit qu'il est vraiment adorable. Au bout d'un long moment, Jules

propose une nouvelle activité à ses fans.

— Ça vous dirait qu'on chante la chanson de mon dernier film ?

La foule enthousiaste ne se fait pas prier. Bella et ses amies participent joyeusement. On se croirait dans un film !

Une fois la chanson terminée, Jules monte sur une chaise pour s'adresser à ses fans.

— Je vous remercie beaucoup d'être venues me soutenir aujourd'hui, lance-t-il. Mais pour que ce film se fasse, je dois retourner travailler. Et pendant le tournage, il faut un silence absolu. Alors j'espère que vous comprendrez pourquoi je vous demande de rentrer chez vous maintenant…

Les fans applaudissent à tout rompre, puis la foule se dirige lentement vers la sortie. Jules saute de sa chaise, et sourit à Bella.

— Voilà, problème réglé ! Et maintenant, il me semble que tu me dois une danse, Bella.

Ils retournent vite au gymnase pour annoncer la bonne nouvelle au réalisateur.

— Génial, on y retourne ! s'écrie ce dernier.

Chacun reprend sa place, et de nouveau, Bella sent le stress monter. Elle s'apprête à danser avec son acteur préféré, pour l'un des films les plus attendus de l'année… C'est le plus beau jour de sa vie !

Chapitre 8

Action !

Cette fois, quand la musique démarre, tout se déroule à merveille. Les jambes de Bella sont légères, ses coups de pied sont précis et en rythme. Jules et elle virevoltent au milieu du gymnase. L'acteur lui sourit, et Bella a vraiment l'impression d'être à un bal de promo... le meilleur du monde !

Alors qu'elle se lance dans la dernière partie de la chorégraphie, Bella se concentre pour y mettre le plus d'énergie possible. Elle veut que les téléspectateurs ressentent la même joie qu'elle.

Puis la musique s'arrête, et le réalisateur crie :

— Coupez !

Jules s'avance et serre Bella dans ses bras.

— C'était formidable ! la félicite-t-il.

Bella a l'impression qu'elle pourrait exploser de bonheur.

— C'était super ! confirme le réalisateur. La scène sera parfaite !

Puis il leur accorde une pause, avant de tourner une seconde prise.

Radieuse, Bella rejoint les autres pour boire un peu d'eau. Mais une nouvelle fois, elle remarque que Sofia est occupée à pianoter sur son portable. Inquiète, Bella s'approche de son amie, mais celle-ci se détourne pour dissimuler son écran.

« Il faut que je l'empêche de faire une bêtise », se dit Bella.

— Sofia ! chuchote-t-elle. S'il te plaît, arrête d'envoyer des textos. Si les fans reviennent, le réalisateur ne pourra plus filmer.

— Quoi ? demande Sofia en se retournant. Pourquoi voudrais-tu que les fans reviennent ?

— Tu n'es pas en train d'envoyer des infos à propos du tournage ? interroge Bella.

Sofia secoue la tête.

— Non, bien sûr que non ! J'écrivais à mon frère ! On essaie de trouver le cadeau idéal pour l'anniversaire de ma mère.

Bella se sent rougir.

— Je suis vraiment désolée, Sofia. Je te voyais tout le temps sur ton téléphone, et j'ai pensé…

— J'ai essayé d'être discrète pour que Mlle Anna ne me voie pas... Tu sais comme elle est stricte au sujet des portables ! Mais l'anniversaire de ma mère est très proche, alors il fallait vraiment que je m'en occupe.

Bella se sent mal de ne pas avoir fait confiance à son amie. Elle s'excuse une nouvelle fois.

— Ne t'inquiète pas, répond Sofia. Après tout, quelqu'un a bien envoyé des infos, sinon pourquoi toutes les fans seraient arrivées d'un coup ?

— Je me demande qui c'était…, s'interroge Bella. Je ne crois pas que ce soit un technicien. C'est bien trop risqué.

Juste à ce moment-là, un grand bruit résonne dans leur dos. Bella et Sofia se retournent

pour voir Veronica qui tente de ramasser discrètement un projecteur qu'elle vient de faire tomber... en essayant de prendre discrètement Jules en photo !

— Je crois que le mystère est résolu ! souffle Bella au moment où le réalisateur tape dans ses mains.

— Tout le monde en place !

Bella sourit à Sofia, avant de retourner au centre du gymnase. Peu importe qui a révélé le lieu de tournage aux fans... Tout ce qui compte maintenant, c'est que Bella va une nouvelle fois vivre son rêve : danser avec la superstar Jules Taylor !

Quelques mois plus tard, Mlle Anna, Sofia, Nathalie, Veronica et Bella arrivent au cinéma, où elles sont invitées à une projection privée du film. Bella est surexcitée. Elle a du mal à croire qu'elles vont se voir à l'écran !

— J'espère qu'il y aura des gros plans de moi ! déclare Veronica pendant qu'elles s'installent dans les confortables fauteuils en velours, munies de leur boîte de pop-corn et de bouteilles d'eau.

« Moi j'espère juste que je ne me suis pas trompée dans les pas ! » songe Bella quand les lumières s'éteignent.

— Tu te rends compte ? lui souffle Nathalie. Tu vas te voir danser avec Jules !

Le cœur de Bella bat si vite qu'elle a l'impression qu'il danse le jive... Elle se demande si ses amies sont aussi nerveuses qu'elle. Mais bientôt, elle est si absorbée par l'histoire qu'elle en oublie qu'elle a participé au film !

Et, quand la scène du bal de promo arrive enfin, elle est surprise : est-ce vraiment elle, cette fille qui danse avec Jules à l’écran ? Elle retient son souffle en se regardant.

Une fois la scène terminée, Mlle Anna se penche vers les quatre élèves et chuchote :

— Vous avez été formidables !

Bella sourit dans le noir. Tout son travail a fini par payer : elle n’a pas fait un seul faux pas à l’écran. Décidément, à l’Académie de *Danse avec les Stars*, tout peut arriver... même danser un jive endiablé avec son idole !

FIN

L'interview de
FAUVE HAUTOT

Cette championne de danse illumine à chaque saison le plateau de *Danse avec les stars*. Elle a déjà fait danser Jean-Marie Bigard, Baptiste Giabiconi, Emmanuel Moire... Et maintenant, la flamboyante Fauve répond à toutes nos questions !

Quel est ton meilleur souvenir de l'émission *Danse avec les Stars* ?

Aujourd'hui, je dirais la victoire d'Emmanuel, il était heureux, nous l'étions tous les deux ! C'était une belle récompense. Cette émission est dure bien qu'elle soit fantastique à vivre !

Que t'évoque le jive ?

Le rebond, il faut rebondir constamment comme un petit singe ! Il faut être vivace, tonique !

Sur quelle musique le danse-t-on ?

Sur "Johnny be good" (de Chuck Berry), sur "Proud Mary" (du groupe Creedence Clearwater Revival). Des gros classiques !

Quelles sont tes couleurs et matières préférées ?

J'aime beaucoup de couleurs,
mais en ce moment, je dirais le rouge,
le noir et le vert-bleu.

Où rêverais-tu de danser le jive ?

Au cinéma, dans un film !

TABLE

PAPIER À BASE DE
FIBRES CERTIFIÉES

hachette s'engage pour l'environnement en réduisant l'empreinte carbone de ses livres.
Celle de cet exemplaire est de :
300 g éq. CO_2
Rendez-vous sur
www.hachette-durable.fr

Photogravure Nord Compo - Villeneuve d'Ascq

Imprimé en Espagne par CAYFOSA
Dépôt légal : octobre 2014
Achevé d'imprimer : octobre 2014
65.3338.6/01 – ISBN 978-2-01-400268-3
Loi n° 49956 du 16 juillet 1949
sur les publications destinées à la jeunesse